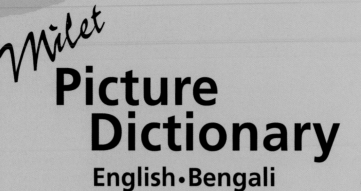

Milet
Picture
Dictionary
English·Bengali

Milet Publishing
Smallfields Cottage, Cox Green
Rudgwick, Horsham, West Sussex
RH12 3DE England
info@milet.com
www.milet.com
www.milet.co.uk

First published by Milet Publishing Ltd in 2003

Text © Sedat Turhan 2003
Illustrations © Sally Hagin 2003
© Milet Publishing, LLC 2010

ISBN 9781840593495

Printed and bound in China by 1010 Printing International Ltd, April 2016.

Milet
Picture
Dictionary
English·Bengali

Text by **Sedat Turhan**

Illustrations by **Sally Hagin**

COLOURS/COLORS
রং

red
লাল

orange
কমলা

yellow
হলুদ

green
সবুজ

blue
নীল

purple
রক্তবর্ণ / পার্পোল

grey
ধূসর

pink
গোলাপি

black
কালো

white
সাদা

PLANTS
গাছপালা

tree
বৃক্ষ / গাছ
orchid
ওর্কিড
rose
গোলাপ ফুল
sunflower
সূর্যমুখী
daisy
ডেইজি
tulip
টিউলিপ
grass
ঘাস

lily
লিলিফুল /
পদ্মফুল

branch
শাখা

leaf
পাতা

daffodil
ড্যাফোডিল

watering can
পানি ঢালার পাত্র

cactus
ক্যাকটাস

plant pot
ছাড়াগাছের পট

FRUIT
ফল

kiwi
কিউঈ

cherry
চেরি

pear
নাশপাতি

apricot
এপ্রিকট

fig
ডুমুর ফল

peach
পীচফল

strawberry
স্ট্রবেরি

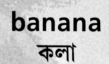

banana
কলা

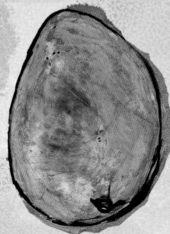

mango
লেবু

orange
কমলালেবু

apple
আপেল

blueberry
ব্লুবেরি

lemon
লেবু

grapes
আঙ্গুর

avocado
অ্যাভোকাডো

raspberry
রাজবেরি

grapefruit
আদালেবু

pineapple
আনারস

ANIMALS
পশুপাখি

lion
সিংহ

zebra
জেব্রা

tiger
বাঘ

giraffe
জিরাফ

elephant
হাতি

penguin
পেঙ্গুইন

duck
হাস

polar bear
মেরুদেশীয় ভালুক/
স্বেত ভলুক

cow
গরু

rooster
মোরগ

sheep
মেষ

goat
ছাগল

horse
ঘোড়া

ANIMALS & INSECTS
পশুপাখি এবং কীট পতঙ্গ

bird
পাখি

dog
কুকুর

cat
বিড়াল

rabbit
খরগোস / শশক

frog
বেঙ

crab
কাঁকড়া

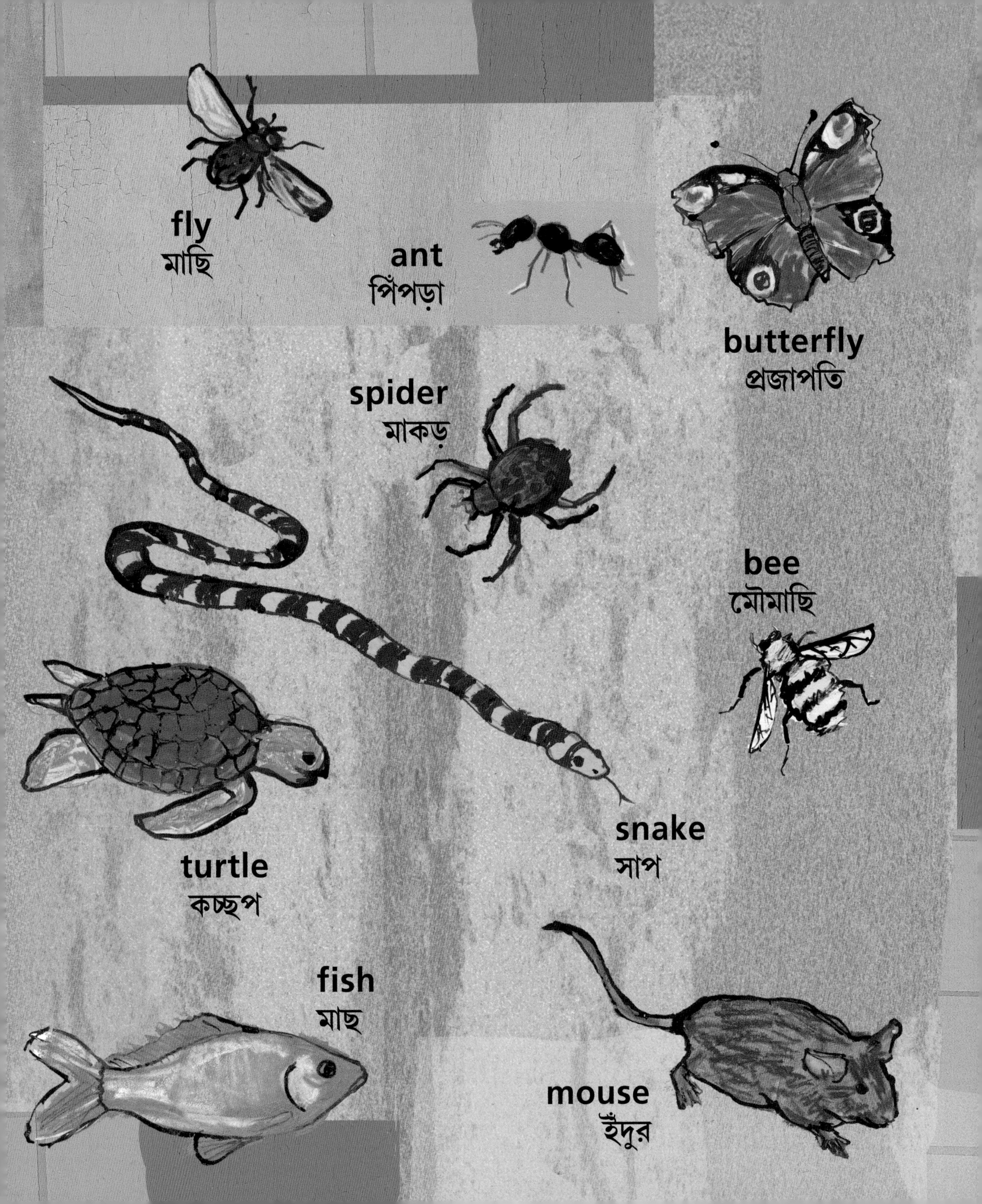

fly
মাছি

ant
পিঁপড়া

butterfly
প্রজাপতি

spider
মাকড়

bee
মৌমাছি

snake
সাপ

turtle
কচ্ছপ

fish
মাছ

mouse
ইঁদুর

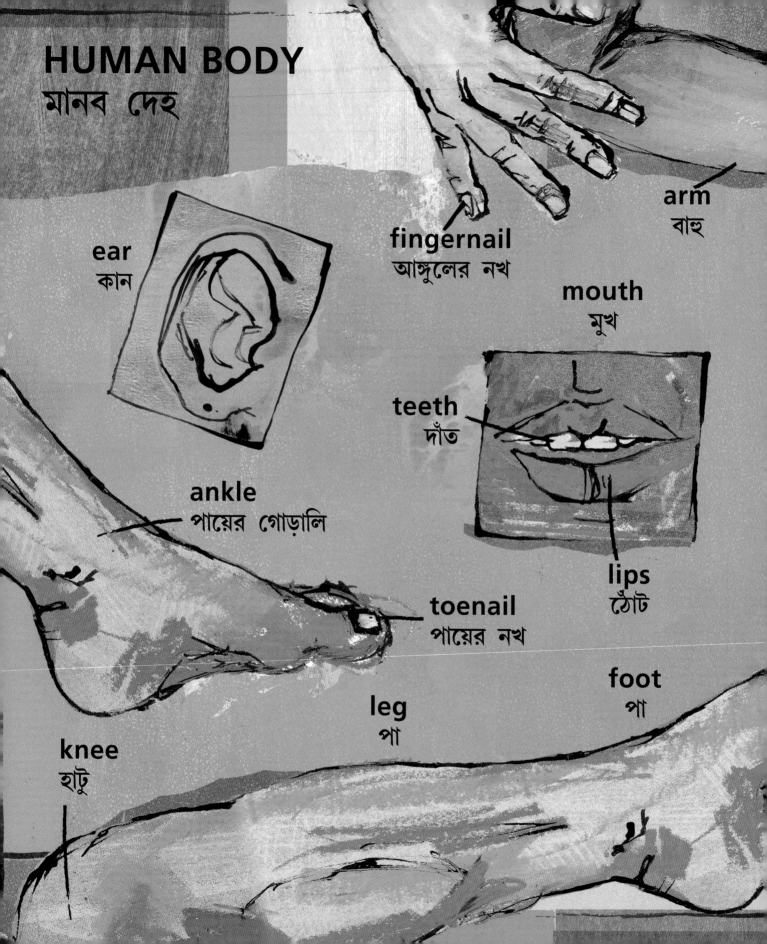

HUMAN BODY
মানব দেহ

ear
কান

fingernail
আঙ্গুলের নখ

arm
বাহু

mouth
মুখ

teeth
দাঁত

lips
ঠোঁট

ankle
পায়ের গোড়ালি

toenail
পায়ের নখ

foot
পা

leg
পা

knee
হাঁটু

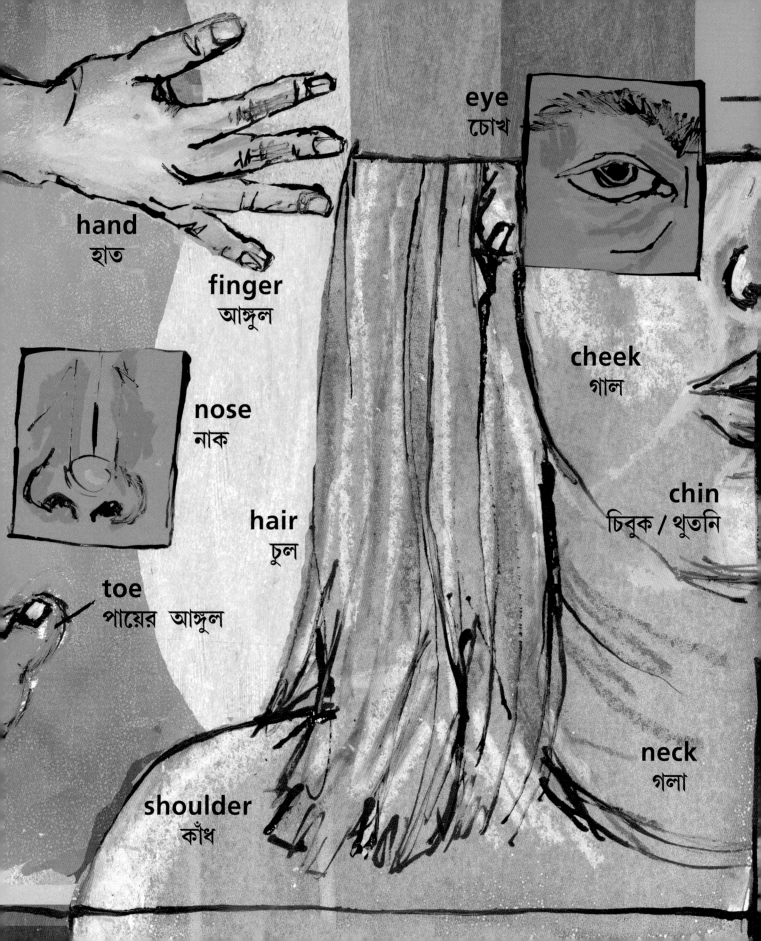

hand
হাত

finger
আঙ্গুল

nose
নাক

hair
চুল

toe
পায়ের আঙ্গুল

shoulder
কাঁধ

eye
চোখ

cheek
গাল

chin
চিবুক / থুতনি

neck
গলা

HOUSE & LIVING ROOM
বাড়ী এবং বসার কক্ষ

house
ঘর

chimney
চিমনি

roof
ছাদ

door
দরোজা

armchair
হাতওয়ালা চেয়ার

key
চাবি

candle
মোমবাতি

light bulb
আলোর বাতি

picture
ছবি

bookshelf
বইয়ের তাক

cabinet
ক্যাবিনেট

window
জানালা

curtain
জানালার পর্দা

vase
ফুলদানি

sofa
সোফা

lamp
বাতি

side table
সাইড টেবোল

KITCHEN
রান্নাঘর

bowl
বউল / পাত্র

glass
গ্লাস

refrigerator
রেফ্রিজারেটর

plate
প্লেইট

napkin
ন্যাপকিন

teapot
চায়ের পাত্র

cup
পেয়ালা

table
টেবিল

chair
চেয়ার

spoon
চামচ
knife
ছুরি
fork
কাটা চামচ
frying pan
ভাজির পাত্র
saucepan
সস্‌প্যান
oven mitt
গরম জিনিস
ধরার হাতমোজা
dishcloth
মোছার কাপড়
toaster
টোঁস্টার
stove
চোলা
sink
সিংক
oven
ওভেন

VEGETABLES
শাকশব্জি

potato
আলু

green bean
গ্রীণ বীন

mushroom
বেঙের ছাতা / মাশরুম

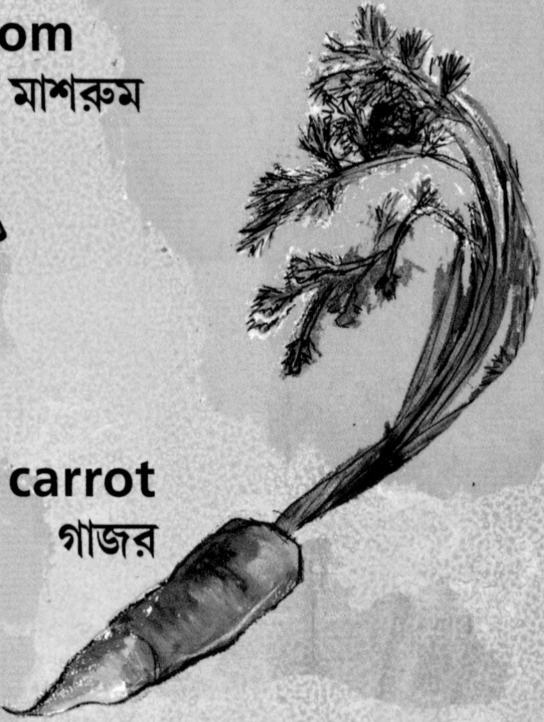

carrot
গাজর

asparagus
অ্যাসপারাগাস

onion
পেঁয়াজ

peas
পিজ / মটর

pumpkin
মিষ্টি কদু

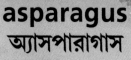

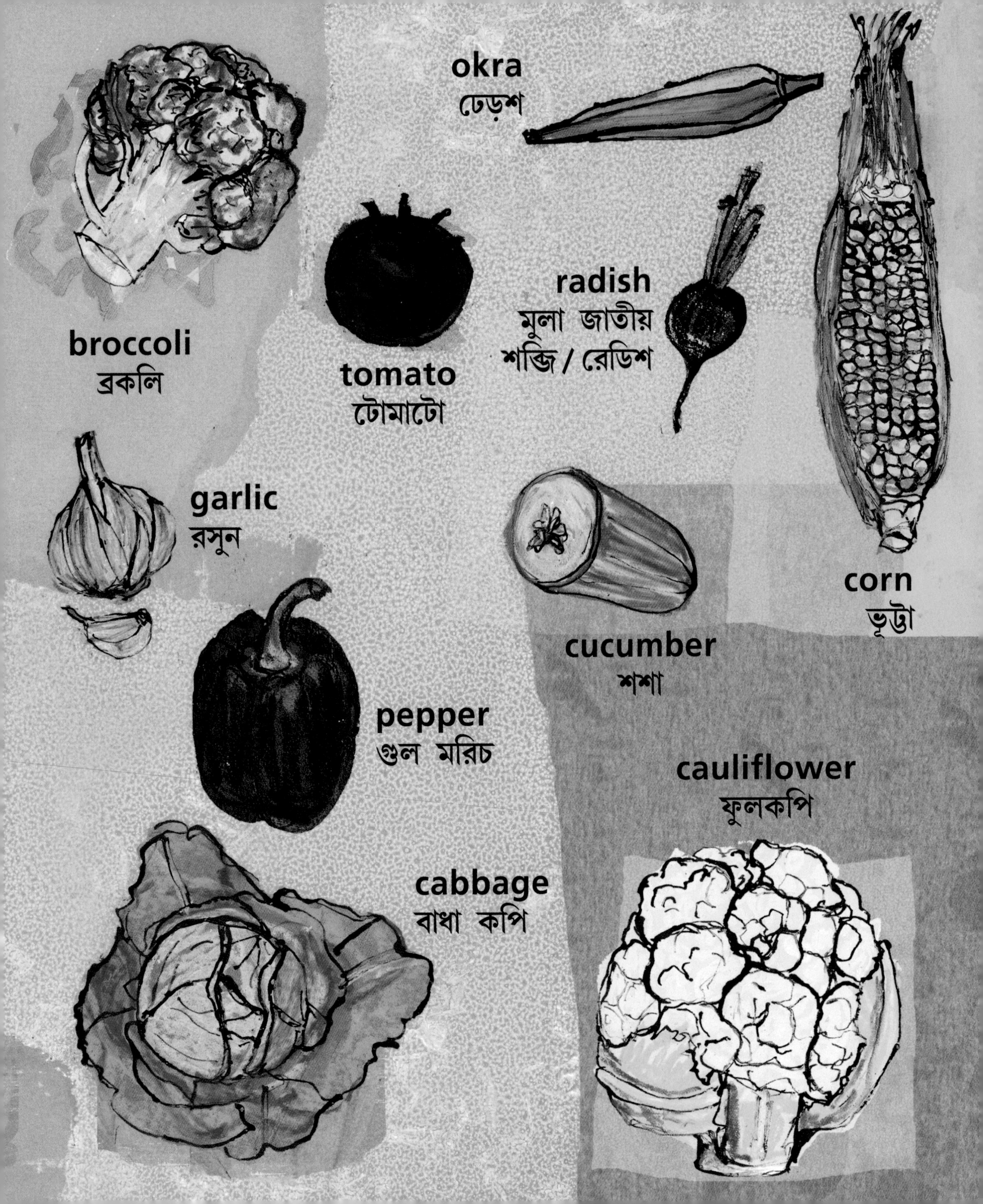

okra
ঢেড়শ

broccoli
ব্রকলি

tomato
টোমাটো

radish
মুলা জাতীয়
শব্জি / রেডিশ
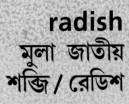

corn
ভূট্টা

garlic
রসুন

cucumber
শশা

pepper
গুল মরিচ

cauliflower
ফুলকপি

cabbage
বাধা কপি

FOOD
খাদ্য

sandwich
স্যাণ্ডউইচ

bread
রুটি / ব্রেড

cheese
চিজ / পনির

milk
দুধ

butter
বাটার

jam
জাম

honey
মধু

egg
ডিম

cereal
সেরিয়েল /
আঁশযুক্ত খাদ্য

raisins
কিশমিশ

fries
আলুর চিপ্‌স

oil
তেল

fruit juice
ফলের রস

spaghetti
স্প্যাগাটি

chocolate
চকোলেট

cake
কেইক

ice cream
আইস ক্রীম

BATHROOM
বাথরুম

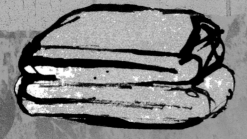

towel
তোয়ালে

mirror
আয়না

sink
সিংক

toilet paper
টয়লেট পেপার

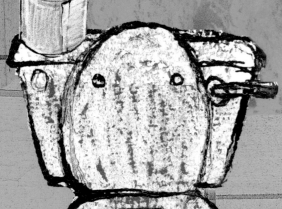

toilet
টয়লেট /
পায়খানা

bathroom cabinet
বাথরুমের আলামারি

potty
পটি

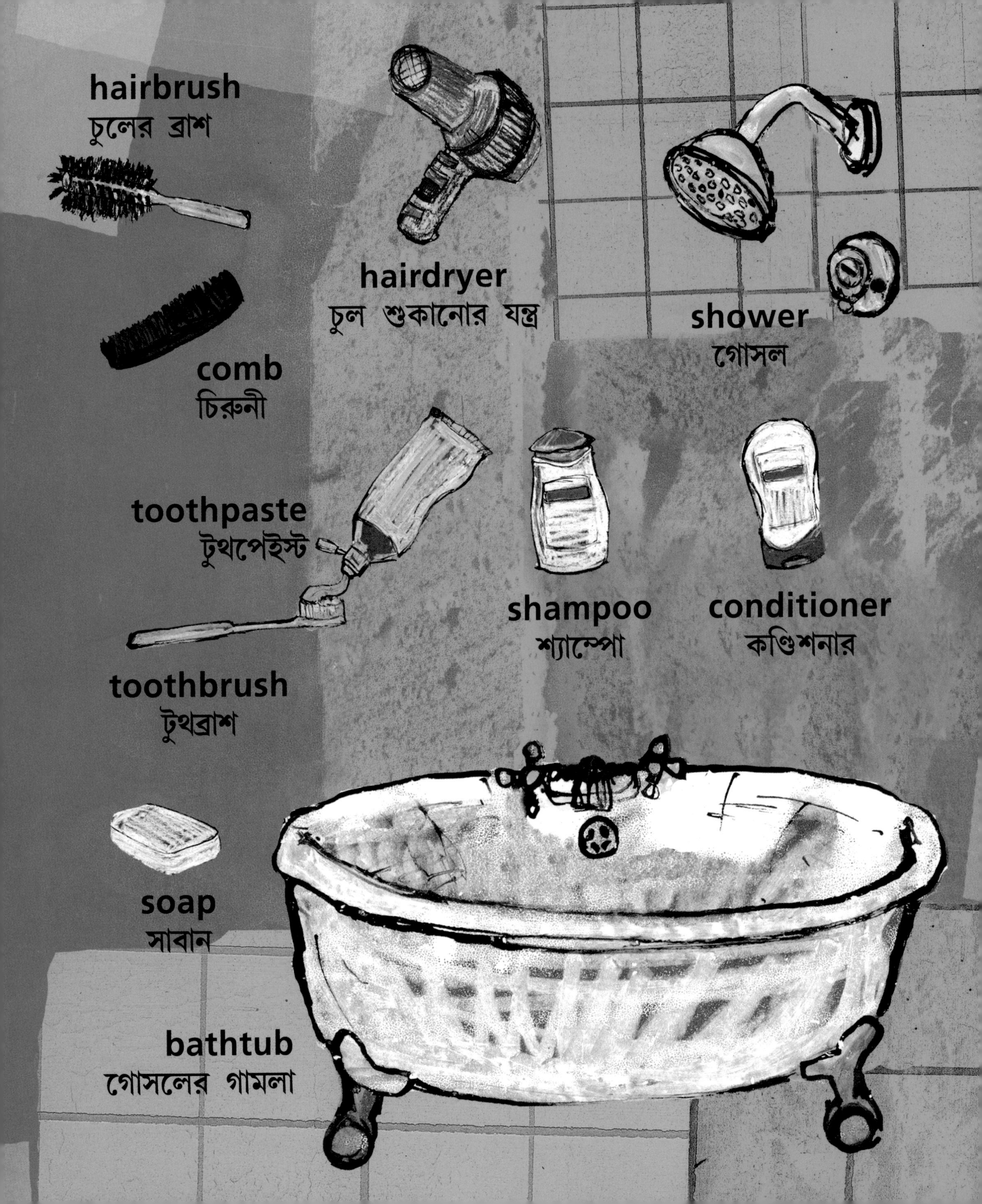

hairbrush
চুলের ব্রাশ

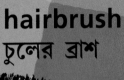

hairdryer
চুল শুকানোর যন্ত্র

shower
গোসল

comb
চিরুনী

toothpaste
টুথপেইস্ট

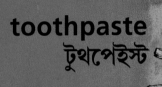

shampoo
শ্যাম্পো

conditioner
কণ্ডিশনার

toothbrush
টুথব্রাশ

soap
সাবান

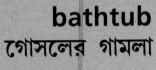

bathtub
গোসলের গামলা

BEDROOM
শয়ন কক্ষ

bed
বিছানা

alarm clock
অ্যালাম ঘড়ি

bedside table
বিছানার পাশের
ছোট টেবিল

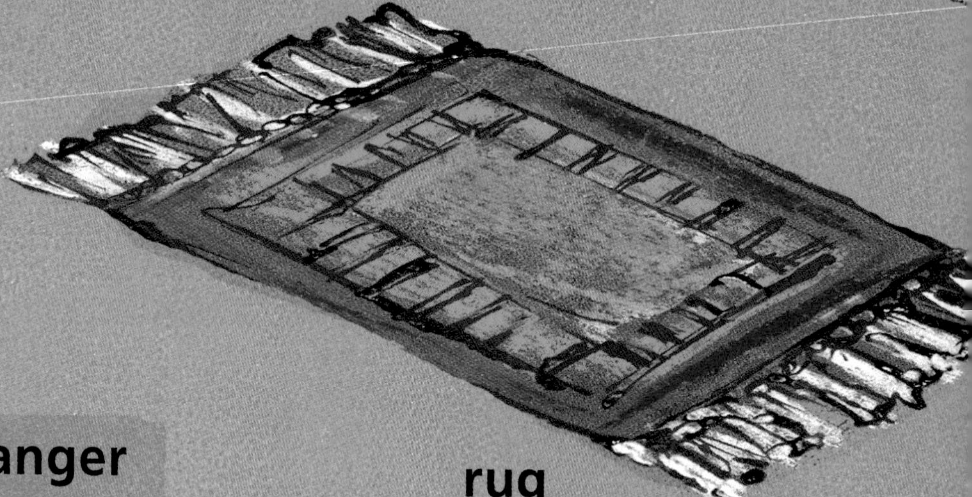

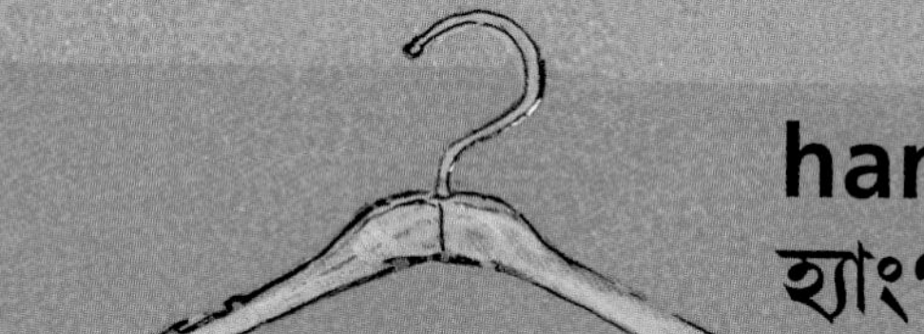

hanger
হ্যাংগার

rug
মাদুর / রাগ

wardrobe
কাপড় চোপড়
রাখার আলামারি

pillow
বালিশ

bed cover
বিছানার চাদর

sheet
পাতলা কাথা

blanket
রাজাই

CLOTHING
কাপড় চোপড়

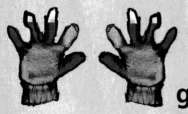

gloves
হাতমোজা

umbrella
ছাতা

button
বোতাম

glasses
চশমা

boxer shorts
মুষ্টিযোদ্ধাদের পেণ্ট

T-shirt
টি-শার্ট

underpants
জাইঙ্গা

hat
মাথার টুপি /
হেট

sweater
সুয়েটার

jacket
জ্যাকেট

slippers
চপ্পল

scarf
মাফলার

backpack
কাঁধে ঝুলিয়ে বহন
করার ব্যাগ

skirt
স্কার্ট

shirt
শার্ট

handbag
হাত ব্যাগ

socks
মোজা

jeans
জিন্সের পেন্ট

belt
বেল্ট

pyjamas
পায়জামা

shoes
জুতা

shorts
হাফ পেন্ট

COMMUNICATIONS
যোগাযোগ

telephone
টেলিফোন

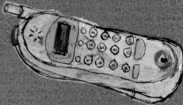

television
টেলিভিশন

DVD player
ডিভিডি প্লেয়ার

video recorder
ভিডিও প্লেয়ার

remote control
রিমোট কন্ট্রোল

stereo
স্টেরিও

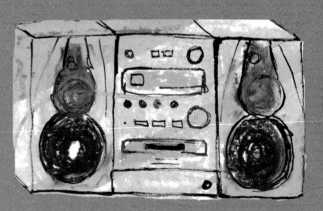

video camera
ভিডিও ক্যামেরা

camera
ক্যামেরা

TOOLS
হাতিয়ার

screwdriver
স্ক্রু-ড্রাইভার

screw
স্ক্রু

saw
হাত করাত

stepladder
মই

nail
পেরেক

drill
বৈদ্যুতিক ড্রিল

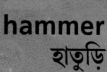

hammer
হাতুড়ি

shovel
শাভোল

vacuum cleaner
হোভার

paint
রং

SCHOOL & OFFICE
স্কুল এবং অফিস

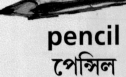

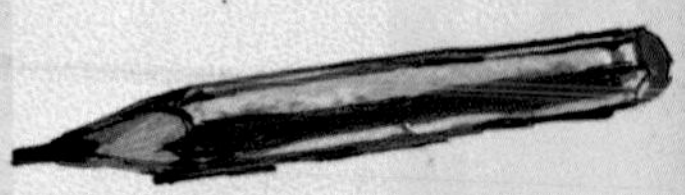

pencil
পেন্সিল

glue stick
আটা লাগানোর
কাঠি

book
বই

marker
মার্কার কলম

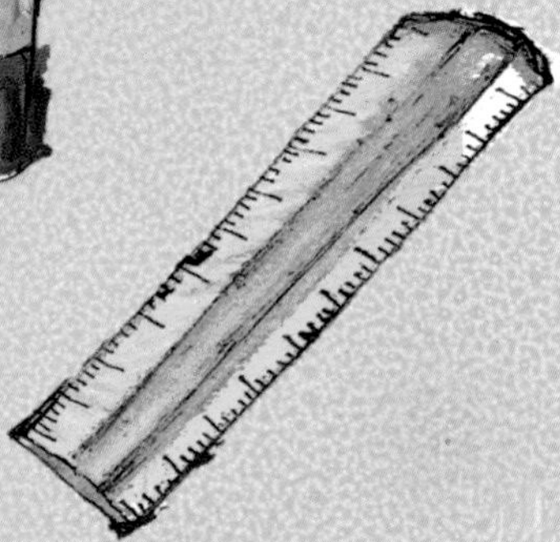

stamp
ডাক ঠিকেট

ruler
রুলার

pencil sharpener
পেন্সিল ধারানোর যন্ত্র

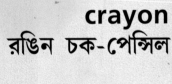

pencil case
পেন্সিলদানী

crayon
রঙিন চক-পেন্সিল

globe
ভূ-গোলক

scissors
কেঁচি

calculator
ক্যালকুলেটর

stapler
স্ট্যাপলার

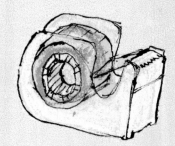

tape
আঠালো টেইপ

paints
রং

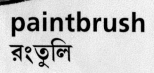

paintbrush
রংতুলি

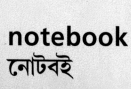

pen
কলম

envelope
খাম

computer
কম্পিউটার

desk
ডেস্ক

notebook
নোটবই

NUMBERS
সংখ্যা

1
one
এক

2
two
দুই

3
three
তিন

4
four
চার

5
five
পাঁচ

6
six
ছয়

7
seven
সাত

8
eight
আট

9
nine
নয়

10
ten
দশ

SHAPES
জ্যামিতিক আকৃতি

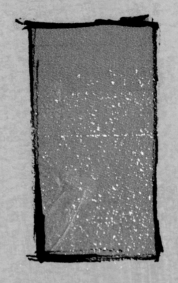

hexagon
ষড়ভুজ

rectangle
চতুর্ভুজ / আয়তক্ষেত্র

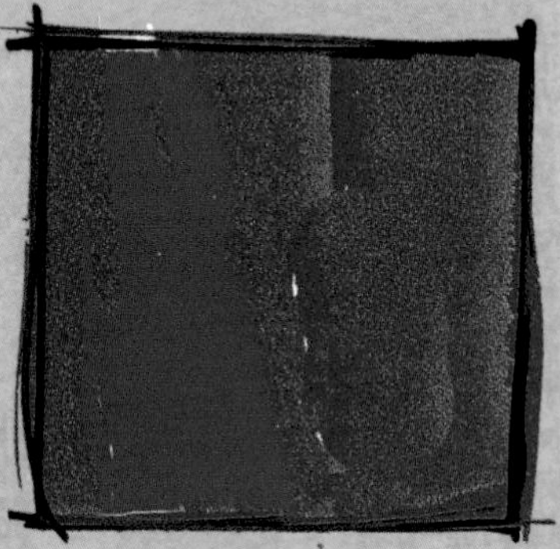

square
বর্গক্ষেত্র

oval
ডিম্বাকৃতি

circle
বৃত্ত

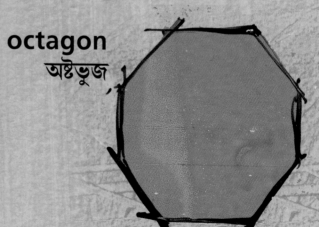

triangle
ত্রিভুজ

octagon
অষ্টভুজ

MUSICAL INSTRUMENTS
বাদ্যযন্ত্র

flute
বাঁশি

guitar
গিটার

violin
বেহালা

saxophone
স্যাক্সোফোন

bongos
বংগোজ

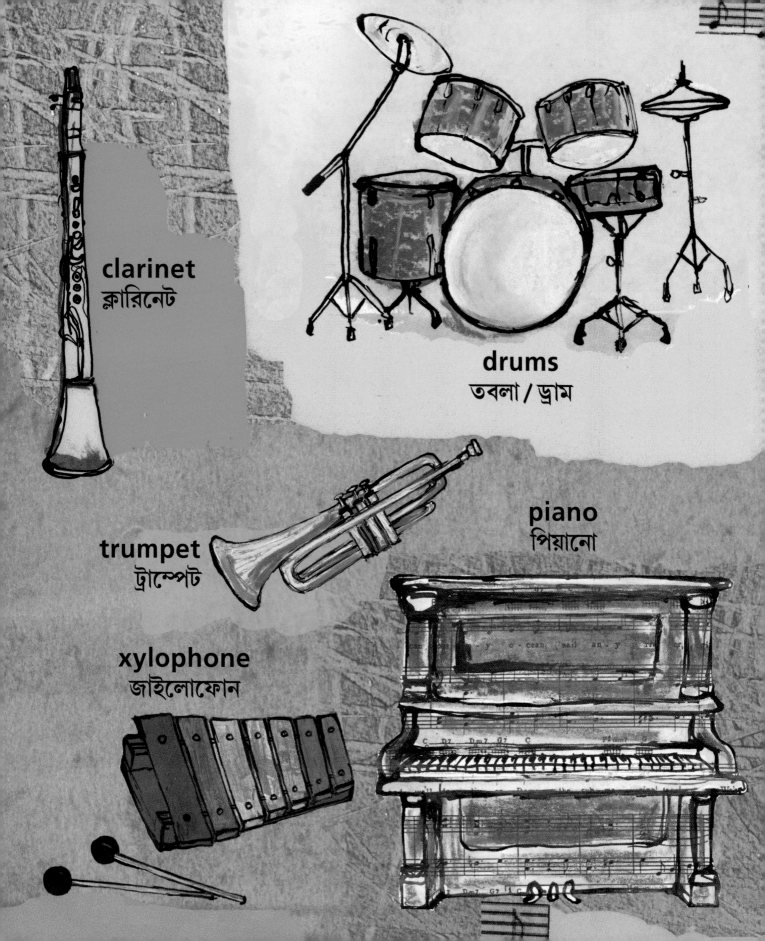

clarinet
ক্লারিনেট

drums
তবলা / ড্রাম

trumpet
ট্রাম্পেট

piano
পিয়ানো

xylophone
জাইলোফোন

SPORTS & GAMES
ক্রীড়া এবং খেলাধূলা

skateboard
স্কেইটবোর্ড

video games
ভিডিও গেইম

cards
তাস

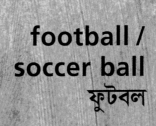

football / soccer ball
ফুটবল

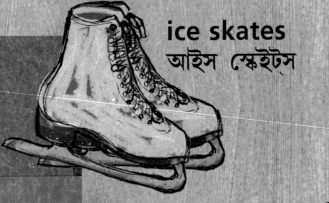

ice skates
আইস স্কেইট্স

rollerblades
রোলার ব্লেইড্স

skis
স্কীজ

chess
দাবা

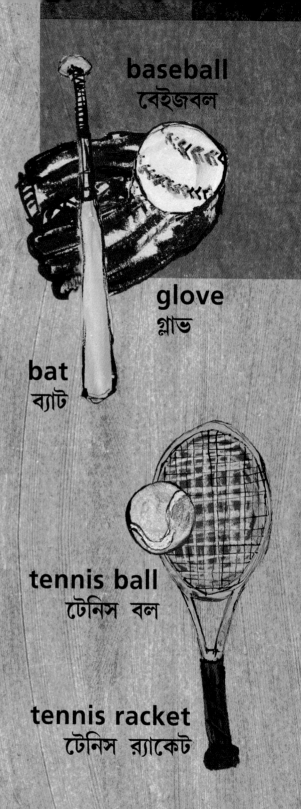

baseball
বেইজবল

glove
গ্লাভ

bat
ব্যাট

basketball
বাস্কেটবল

American football
আমেরিকান ফুটবল

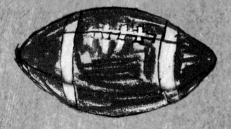

tennis ball
টেনিস বল

tennis racket
টেনিস র‍্যাকেট

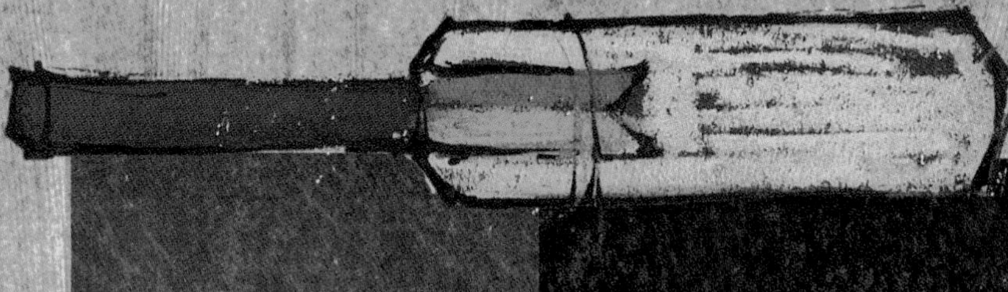

cricket ball
ক্রিকেট বল

cricket bat
ক্রিকেট ব্যাট

TRANSPORTATION
পরিবহন

boat
নৌকা

bicycle
বাই সাইকেল

train
রেলগাড়ি

car
কার

motorcycle
মোটর সাইকেল

ambulance
অ্যাম্বুলেন্স

helicopter
হেলিকপ্টার

plane
উড়োজাহাজ / প্লেইন

fire engine
দমকল গাড়ি

bus
বাস

truck
ট্রাক

tractor
ট্রাক্টর

SEASIDE
সমুদ্র সৈকত

ball
বল

sky
আকাশ

beach towel
সৈকত তোয়ালে

swimsuit
সাঁতারের পোশাক

beach bag
সৈকত ব্যাগ

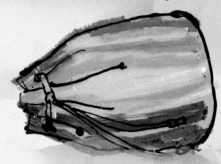

sunglasses
সানগ্লাস / রঙিন চশমা

sunscreen
সানস্ক্রীন

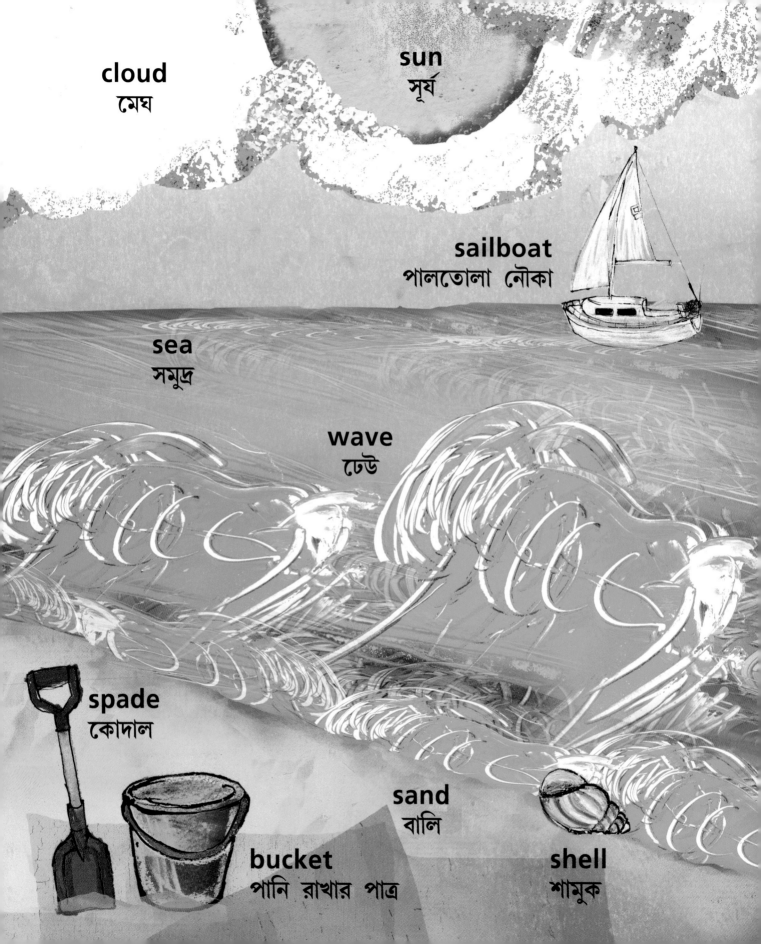

cloud
মেঘ

sun
সূর্য

sailboat
পালতোলা নৌকা

sea
সমুদ্র

wave
ঢেউ

spade
কোদাল

sand
বালি

bucket
পানি রাখার পাত্র

shell
শামুক